天国に還るための終活

Never-ending Seminar

5000人が涙した
終活セミナーが
教えてくれたこと

百歳まで生きる会 監修

はじめに

最近、「終活」という言葉をよく耳にします。「人生の終わりのための活動」、あるいは「就職活動」（就活）ならぬ「終末活動」を略した言葉です。「死」とか「葬儀」など、縁起の悪いとされる言葉の代わりに、「残される者に迷惑をかけないよう生前整理をする」「人生の終わりをよりよいものにする」という意味で、プラスのイメージで使われているようです。

生涯現役人生をめざして発足した『百歳まで生きる会』は、幸福の科学のシニア信者層を中心としたグループです。そのテーマの一つに「終活」がありますが、ただ、従来の「終活」とは、一つだけ違う点があります。

『百歳まで生きる会』に集う人々は、幸福の科学総裁、大川隆法《おおかわりゅうほう》先生の教え（仏法真理《ぶっぽうしんり》）を学び、「人は死んでも終わらない」という霊的な視点を身につけている点です。

以前、東京大学医学部教授が著した『人は死なない』という本が話題になりましたが、仏法真理が教える「霊的世界（あの世）がある」という別の視点を持つと、「終活」への考え方が大きく変わります。

『百歳まで生きる会』が主催する「ネバーエンディング・セミナー」は、天国に還《かえ》るための終活をテーマに2014年9月にスタートしました。当初から「感動した」「死へのイメージが変わった」「自分の人生が意味あるものだと思えた」など、大きな反響がありました。幸福の科学では、数多くの行事が同時進行するなか、わずか数カ月間で、延べ5000人（17年3月現在、7000人を突破）が参加。その輪はますます広がっています。

本書では、大川隆法総裁の仏法真理に照らし、「人は死んだら終わり」とする唯物的な考え方が、いかに危ういことであるかを指摘しています。

そして、通夜や葬儀、供養、お墓のほんとうの意味、死を迎えるためにもっとも大切な心のあり方についてお伝えしています。

本書の第1章と第3章では、『百歳まで生きる会』の運営責任者である田中稔之《としゆき》が、現代の終活の問題点を指摘するとともに、幸福の科学の終活セミナー「ネバーエンディング・セミナー」について紹介します。私はもともと寺の住職の息子であり、霊的な不思議な出来事を数多く体験している者の一人です。第5章では、幸福の科学の霊園「来世幸福園」を運営する聖地・四国正心館《しょうしんかん》館長の伊藤真道《しんどう》氏に、葬儀やお墓のほんとうの意味について解説していただきました。また、第6章では、幸福の科学のシニア層を中心に生涯現役人生をめざす「シニア・プラン21」の室長であり、元新聞記者の森香樹《こうじゅ》氏により、現代の終活ブームの社会的背景と生涯現役人生への秘訣について話をしていただきました。

そして、第4章では、大川隆法総裁による法話「引導《いんどう》を渡すとは」から、その内容の一部抜粋を紹介します。大川総裁が死後2週間の霊を呼び出し、宗教家の本来の使命である〝引導を渡す〟驚きの内容です。葬儀をしても、霊的世界（あの世）を知らず、死んだことが理解できないで迷ってしまう霊の様子は、決して他人事ではありません。

今、ブームとなりつつある「終活」が見落としている大切なポイントが見えてくる本書を通じて、あなたもご一緒に『百歳まで生きる会』で、ほんとうの「終活」を学んでみませんか。

百歳まで生きる会　田中稔之

第1章

人が「死」の前にほんとうに気になること 13

「死んだら終わり」の終活の問題点

百歳まで生きる会　田中稔之

第4章 僧侶としての本来の役割「引導を渡す」とは　69

第5章

知っておきたい葬儀とお墓のほんとうの意味

幸福の科学の葬儀・供養・納骨の功徳

聖地・四国正心館館長　伊藤真道

第6章

「人生の思い残し」を拭い去る方法 109

自助努力で、高齢化社会を力強く生きる

シニア・プラン21室長 森 香樹

第1章

人が「死」の前にほんとうに気になること

「死んだら終わり」の終活の問題点

百歳まで生きる会　田中稔之

たなか　としゆき●1959年、千葉県生まれ。真言宗の寺院の三男として生まれ、大正大学仏教学部仏教学科に進み僧籍を得るが、中退してコンピューターのソフト開発会社に就職。1989年に幸福の科学に奉職し、事務局、精舎研修部長等を経て、現在、サービスセンターで信者や一般の方の悩み相談などに携わる。5000人(17年3月現在、7000人を突破)を動員している「ネバーエンディング・セミナー」の講師として、全国を飛び回る毎日。

死に直面した人が見せる3つの行動

もし、いま「あなたは、もうすぐ亡くなります」と宣告されたら、どんな思いを持つでしょうか。

アメリカの救急救命士であるマシュー・オライリーという人が、その疑問に答えています。事故などで瀕死の重傷を負った人のところへ駆けつけると「私は死ぬのでしょうか?」と聞かれるそうです。その問いに正直に答えたとき、自らの死を受け止めた人たちが見せる行動には、3つのパターンがあるというのです。

一番目は「私を許してほしい」と許しを乞うもの。二番目は「私を忘れないでほしい」と記憶に残ることを願うもの。三番目が「私の人生はムダではなかったかどうか、どうしても知りたい」と人生の意義を問うもの。――思想、信条にかかわりなくほとんどの人がこのいずれかのパターンに当てはまるそうです。

死の間際に脳裏に浮かぶのは、自分にとってほんとうに大切な自分の人生そのもの。自分が何をしてきたのか。この生涯にどんな意味があったのか。自分の存在とは何だったのか。それを、問いかけてくるのです。

その問いに対して答えを出すことが、昔から宗教の役割でした。悔いなく旅立つために、何をすべきなのか。それを知ることなくして、ほんとうの終活とはいえないのです。

One Point

人が死を自覚したときの
最後の願いとは

私を許して
ほしい

私を忘れないで
いてほしい

私の人生は
ムダではなかったか、
どうしても知りたい

そもそも、終活ってなに？

生きているうちに、人生の最期について考え、葬儀やお墓を決めたり、遺産相続のための準備などをすることを〝終活〟と呼んでいます。

全国チェーンの大型スーパーや葬儀社などが開催する終活セミナーも、団塊の世代を中心に盛況のようです。

いつどこで死が訪れるかは、年齢に関係なく、誰にもわかりません。ですから、元気なうちに、死について考えておくことはとても有意義なことだといえるでしょう。

しかし、その反面、この終活がこの世限りのものだとしたら、そこには大きな落とし穴があると申し上げたいのです。なぜなら、昔から宗教が伝えてきたところの「目に見えない世界がある」という、もっとも大切な観点がすっぽりと抜け落ちているからです。

仏壇や神棚が消えた結果……

昔は、どの家にも仏壇や神棚がありました。しかし、戦後、信仰教育が失われてしまい、さらに核家族が増えたいま、先祖の位牌すら見たことのない人もいるようです。

そういう現状では、もっとも宗教的な葬儀でさえ、「安価さ」や「手軽さ」が優先され、まるで商品のように取り扱われています。

葬儀は単なるイベント。お墓は単なるモニュメント。そんな軽い葬送が広がり、ついには、通夜もせずに荼毘《だび》に付したり、遺骨すら引き取らない人たちも増えているようです。

しかし、「あの世なんてない」「人間は死んだら無になる」という唯物的な考え方に流され、厳粛であるべき死の瞬間を、このような形で終わらせていいはずがありません。

さまざまな宗教が説いているように、あの世は100%あります。人間の本質は霊です。この世からあの世へと還っていく存在です。

百歳まで生きる会では「ネバーエンディング・セミナー」を通して、この真実を無視した風潮に警鐘を鳴らし、ほんとうの終活とは何かをお伝えしています。

成仏していないご主人の霊が家の中でウロウロ

私のところには、さまざまな相談が持ちかけられますが、意外と多いのが、成仏していない霊についてのものです。

たとえば、こんな例があります。

「僕が死んだら、葬儀にお金をかけなくていいから」と生前に話していたご主人が、急に亡くなりました。

奥さんは、ご主人の言いつけどおり、すぐに火葬にしたのですが、その直後から、奥さんの体調が悪くなり、家庭のいざこざが絶えなくなりました。葬儀もしなかったため、ご主人の友人や親戚からも非難を浴び、とうとう奥さんはウツ状態になってしまったのです。

霊にとり憑《つ》かれるという話をよく聞きますが、私たちは大川隆法総裁から、それを「憑依《ひょうい》現象」として学んでいます。

つまり、亡くなったご主人の霊が、ちゃんとしたお葬式をしなかったことによって、死んだことが分からず、まだ家の中でウロウロしており、家族にとり憑いて障《さわ》りを起こしているのです。

また、こんな例もあります。

ご主人を半年ほど前に亡くされた奥さんが、体調が悪いといって相談にこられました。

「まだ主人が私のそばにいるような気がするんですよ」と、喜んでおられる。

「きのうも、つい主人のお茶碗を用意していたんです。この間なんか、自分のふとんを敷いていたら、『俺のふとんは？』って聞こえたような気がする」とおっしゃいます。

そこで奥さんに「体のどこがお悪いのですか」と尋ねると、「心臓です」と。よく聞けば、ご主人も心臓病で亡くなったそうです。これも、明らかにご主人の霊による障りなわけです。

もし、この状態を巷の霊能者が見たら、「ご主人がずっとそばにいてくれて、あなたのことを守ってくれていますよ」と言いかねません。でも、私たちは「ご主人は成仏《じょうぶつ》していません」と、はっきり言います。そして、「あなたが、ご主人に別れを告げて、ご主人にあの世に旅立ってもらわないと、あなた自身がご主人と同じ心臓病で倒れてしまいますよ」と告げました。

奥さんはびっくりしていましたが、霊界の真実を知って初めて、迷っている霊を成仏させることができ、残された人も救うことができるのです。

「21世紀の科学万能時代に、なんという迷信」と笑う方もいらっしゃるでしょう。しかし、どんなに科学が進んでも、人間は霊であるという事実は変わることがないのです。

病気で死んだ人の霊が憑依すると、生きている人の体に汗がダラダラと出てくることがあります。実際に発汗作用を起こしはじめるのです。あるいは、心臓がドキドキしたり、咳き込んだりと、

憑依霊の生前の病気とまったく同じ症状が、生きている人に起きることがあります。ほんとうに不思議です。

大川隆法著『先祖供養の考え方』（宗教法人 幸福の科学刊）より

死んだことを認識しない霊!?

このご主人の霊のように、死んだこと自体に気づかない、死を認めたくないという事態も実際によくあるようです。「こんなにはっきりと意識があるのに、なんでみんな、私が死んだと言って無視するんだ」と。霊の世界からは、この世の人の動きが見えますし、人の心の中の声が聞こえますから、家族が自分にいじわるをしているように思うらしいのです。

とくに、この世に思い残すことや執着《しゅうちゃく》があると、迷うこともあるので、気をつけなければなりません。

葬儀とは、死者の霊に「引導を渡す」重要な儀式

このように、亡くなった霊が家にいる原因は、こうした死の真実を知らないことが理由ですが、葬儀の仕方にも問題があるようです。

そもそも、葬儀はなぜ行うのでしょうか。それは、死者に「あなたは死んだんですよ。ですから、導きの霊が来たら、すみやかにあの世に旅立つのですよ」と諭すためです。これを「引導を渡す」といいます。

古今東西、どの国でも、その土地に合った葬儀のしきたりがあります。宗教家は、そうした目に見えない世界のことを教えるものであり、死の専門家です。ですから、宗教を無視した葬儀は、亡くなった霊を迷わせてしまうのです。

お坊さんも知らない葬儀の意味

「うちは仏教の○○宗で葬儀をしたから大丈夫」という声が聞こえてきそうです。ほんとうは「大丈夫ですよ」と言いたいところですが、そうとは言い切れません。

それは、葬儀に立ち会う僧侶自身が、霊やあの世を信じていない、ということに問題があるからです。

私は、お寺の息子として生まれ、子どもの頃、じつは不思議な体験をよくしていました。とくに顕著だったのが、檀家《だんか》に不幸があったときです。

突然、「ピンポン」と鳴るので、玄関に出ていくのですが、外には誰もいません。すると間もなく、「先ほど家族が亡くなりました。通夜をお願いします」と電話がくるのです。電話より先に霊が知らせに来たのでしょう。

　このように、お寺に住んでいたり、修行をしていたら、お坊さんたちは何かしら神秘体験をしているはずなのですが、論理的に説明できないことは認めたくないという気持ちが働いて、何かの錯覚だと思ってしまうようです。残念ながら、あの世や霊の存在を否定するお坊さんが多いのが現状です。

　また、死者の霊に対して行う葬儀や法要を、残された家族のためにしていると堂々とおっしゃるお坊さんもいます。

　お寺も人手が足りなければ、学生アルバイトや転職組のにわか僧侶が派遣されることもあり、実態をよく知らずに選んでしまうと、修行が足りず、悟りのかけらもないお坊さんが来てしまうかもしれません。

　さらに、参列者もお経の内容がわからないため、宗派の違うお坊さんが来ても、誰も気づくことなく、「はい終わり」という可能性も否定できないのです。

「信仰の継承」としてのお墓

最近、樹木葬や自然葬、遺灰を撒く散骨なども増えています。

先日も、「お墓を残すと、あとあと子孫が維持管理に面倒だから」と、散骨を選ぶ方がおられました。

一見、家族に優しい配慮のような感じもしますが、やはりお墓はあったほうがいいのです。

大川隆法総裁の仏法真理によれば、地上の人がお墓参りで発した感謝の念や供養の思いが、あの世の霊人に届くために、お墓がアンテナの役目を果たすといわれる理由からです。

また、お墓を持つことは、「信仰の継承」の観点からも大切なことです。本来なら、信仰は家族に受け継がれ、代々、同じお墓に入り、子孫は先祖の墓を守ることで、家の信仰を継承することができました。きちんとお墓をつくり、「うちの宗教はこれです」と子孫に継承していきたいものです。

ほんとうの終活で、天国へ還ろう

ところで、みなさんは、親切でいい人、地元の名士など、誰からも尊敬されている人なら、みんな天国に還ることができると思いますか。それを見分ける簡単なポイントがあります。

それは、ズバリ「神様を信じているか」「あの世を信じているか」という一点です。

神様を信じていないと、迎えの使者が来ても、「オレは死んでいない」と拒否してしまい、すぐに天国に還るのがむずかしいといわれています。せっかくいい人生を生きたのに、もったいないではありませんか。

世界では90％以上の人たちが神を信じており、これほど唯物論が蔓延しているのは、日本独特の現象です。

昔は、誰もが神や仏を信じていました。そして、「三途《さんず》の川をちゃんと渡れるだろうか」、あるいは「地獄に堕《お》ちないようにしよう」と、真剣に考えていたはずです。それらは、迷信でも昔話でもありません。神を信じ、あの世を信じるからこそ、人は尊い存在でいられるのです。

肉体は亡くなっているのに、あの世に還れないというのは、霊にとって、とても厳しい状況です。

ほんとうの終活とは、こうした宗教的真理を知り、この世で迷うことなく、あの世へ、そしてできれば天国へと旅立つための準備なのです。

いろいろと述べてきましたが、死に対するイメージが変わったのではないでしょうか。ぜひ、本書をきっかけとして、正しい終活に取り組んでいただき、天国へと還っていただきたいと願ってます。

コラム

看護の現場から見てきた死

武蔵野大学 看護学部教授・看護学博士
片岡秋子

私は、終末医療や救急医療で、多くの死を見てきました。

今は告知をしますので、「死ぬのは怖い」「死ぬのは悔しい」という方は多いですね。それから、後悔、許しを乞う、会って話をしたい、謝りたい……。「自分のことを忘れないでほしい」もあります。

そういう方はあの世があると思っていないから、「その人の心の中に生かしていてほしい」という願いなんだと思います。それは本当に多くの方がおっしゃいます。

でも病院では、じつは「臨死体験をした」「幽霊を見た」など、とても多くの方が実体験しています。公になっていないだけなんですよ。

霊安室から生き返った

医師は、こういう事実を語りませんが、患者さんが教えてくれます。私も、霊安室で生き返った方から直接お話を聞いたことがあります。

その方は、交通事故で明らかに心停止して、救急車の中で死後の処置をされて病院に運ばれてきました。

ところが、蘇生処置をされているとき、自分の体が部屋の隅のほうにピューンと飛んで、そこから下を見ていたというのです。誰が何をして、どんな話をしていたか、みんな見えていたそうです。

「何やってんの、私はここにいるのに」と思ってよく見たら、自分らしき人が横たわっている。処置されて救急車に乗せられ、「なんで、私、生きているのになぜ運ばれるの?」と不思議がったそうです。

「ストレッチャーに乗せられて、霊安室に行くんですよ。娘も息子もわんわん泣いて、『私、生きている』って言ってるのに、誰も気づいてくれない」とおっしゃっていました。

地下の霊安室に安置されていたとき、手が動いたので、家族の方が「あれ?」と思って、その手を直そうとしたら、まだ温かかった。それで、「大変だ!」ということになって、救急室に運ばれたそうです。

永遠の生命を知っていると、死後硬直がない

「人間は、生き通しの命を生きている」ということをわかっていれば、余命いくばくもなかったとしても、「私の人生、何だったのか」とじた

ばたする事態にはならないと思います。
実際に、幸福の科学で仏法真理を学んでいる方は、「永遠の生命」をしっかりつかんでいるので、亡くなっても死後硬直がないケースが多いようです。わかっている人は、肉体からの離脱がすんなり、スムーズにいくのかもしれませんね。
そんな終末なら、たとえ肉体は亡くなっても、意識はそのままですから、すごく穏やかな死を迎えられるのではないでしょうか。

体験談①

霊はすべてお見通し

（長野県／60代女性）

91歳の姑は、「お迎えが来ているから、還らなくてはいけないの」とつぶやき、その数日後、家族全員に何度も「ありがとう」と言って亡くなりました。

しばらくして、私は自分のお小遣いで姑の永代供養をすませ、幸福の科学の精舎《しょうじゃ》（施設）で研修を受けました。すると、熱い光の固まりのようなものが胸の中に入ってきて、「あなたの大事なお金を、私の供養のために使ってくれてありがとう」というメッセージが心の中に伝わってきたのです。

旅立った姑に、私の感謝の思いが届いたことが確信でき、やはりあの世はあり、霊は何でも知っているんだと納得しました。

体験談②　手術中に幽体離脱をし、臨死体験を

（千葉県／50代男性）

高速のパーキングで休んでいるときに心臓発作で倒れ、救急車で病院に運ばれました。そのまま緊急手術をしたのですが、ふと気がつくと、天井が顔の前に迫って

いました。

右下を見ると、6~7人の医療スタッフの方が一生懸命、私を助けようとしている姿が見えたんです。「がんばれ」とか、手術に必要な専門用語とか数字とか、そういう言葉が飛び交っていて、自分はそれを上から見ているのです。

「あれ、何やってんのかな」という感覚でした。「ちょっと、待てよ……そうだ、パーキングで倒れて運ばれたんだ」と思ったときに、肉体に戻りました。あとで話を聞くと、心臓が3回止まったということでした。

そのとき、まさか自分が死のうとしていた瞬間かもしれないなんて、ぜんぜん思っていません。仏法真理を学び、「人間は霊だ」と知っていても、とっさにはまったく認識できませんでした。ほんとうに死んだとき、あの世などないと思っている唯物論的な考え方の人が、死んだことがわからないというのも、うなずけるような気がします。

第2章

人は死んだらどうなるの？

こうして人はあの世へと旅立つ

参考
『永遠の生命の世界』大川隆法著
（幸福の科学出版刊）

あの世は100%ある

あの世は100%あります。
では、死んだら、どうなるのでしょうか。
最低限、これだけは知っておきたいポイントを、
大川隆法総裁の仏法真理のもとに
紹介しましょう。

死後0時間

魂が肉体から抜け出す

心肺停止（医学的な死）

心臓が止まると、医師から「ご臨終です」と告げられます。
いわゆる肉体の死です。
しかし、肉体には魂が宿っていて意識があるため、
死んだ自覚がないことも多いようです。

このとき、魂は肉体を抜け出し、
多くの場合、天井のあたりから自分の肉体を見下ろしています。
まだ霊子線《※れいしせん》がつながっており、
魂は肉体の痛みなどを感じています。

※霊子線（シルバー・コード）……霊子線の存在は、旧約聖書やソクラテスの時代から知られており、日本では「魂《たま》（玉）の緒」とも呼ばれている。

死後24時間

ほんとうの死

通夜

魂と肉体をつなぐ霊子線は、
およそ死後24時間ほどたってから切れます。
通夜が死後1日おいて行われるのは、
この霊子線が切れるのを待つためです。
魂と肉体がまだつながっているうちに、
茶毘に付してしまうと、魂は苦しみ、
安らかにあの世に旅立つことができなくなります。
霊子線が切れると、

魂はもう肉体に戻れなくなります。
この瞬間が、真実の死なのです。

死後数日〜1週間
死の自覚が進む

葬儀

亡くなった方の魂が自分の死を知り、
この世や家族への執着を断って、
あの世への旅立ちを悟る大切な機会——
それが葬儀です。

ひょっとして、わし、
死んだの？
ナンマイダー
ナンマイダー

僧侶の読経は、亡くなった方に
「あの世へ還りなさい」と引導を渡す役目があります。
しかし、仏教のお経は漢文であるため、
意味がよくわかりません。
幸福の科学の葬儀のお経は、
わかりやすい日本語で書かれているため、
誰にでも理解できるのです。

初七日

魂は、死後、7日間くらいは、自宅の近辺にいます。

そして、家族に話しかけたりして
なかなか家から離れません。
また、病院で亡くなった方は、
自分がいた病室にいることもあります。
どちらにしても、人が話していること、していることは、
すべてわかっています。
この頃、導きの霊（先に亡くなっている両親や友人など）が来ます。

お墓に埋葬する

遺骨をお墓に埋葬することは、
魂に死を悟らせるきっかけとなります。
またお墓は、あの世の故人を供養するときの

アンテナの役割を果たします。
ですから、自然葬や樹木葬などの散骨は、
魂が迷うとされています。

死後7日〜49日
死後の行き先が決定

死後3週間ほどは、
家族のことなどが気になり、
地上をウロウロしていますが、
最長でも49日ぐらいまでには
この世から去らなければなりません。

四十九日

死後、49日ほどたつと、「導きの霊」などに、あの世に旅立つことを促されます。

◇霊界へ旅立てない人

唯物論者、特定の信条や思想に染まっている場合、自殺した人など。

◇すぐに地獄に堕ちる人

悪人として生きてきた人は、そのまま地獄に。

◇通常の人

仏教の僧侶や天使など、本人の宗教観に合った本格的な導きの霊が来て、あの世へ案内してもらいます。

霊界への旅立ち

三途の川を渡る

昔からよく言われる「三途の川」に行き当たります。

この川を渡ると、もう戻れません。

向こう岸には、きれいな花がたくさん咲き、身内や友人など、いろいろな人が迎えにきます。

◇水面を浮くように渡る

川の水にぬれることなく、川の水面を飛んでいきます。

◇橋を渡る

川に橋がかかり、その上を歩いて渡ります。

◇舟に乗って渡る

渡し舟が出てきて、それに乗って渡ります。

◇溺れかけながら渡る

溺れるほどでなくても、川につかって服をぬらしながら歩いたり、ジャブジャブと激流の中を渡ります。

スーッと渡れるか、苦労して渡るか。

その差は、心にあります。

ここでは、地上での地位や名誉など、まったく通じません。

川を渡るときに、底に沈んでいる名刺や預金通帳などを見ながら、執着を捨てなければならないことを学ぶのです。

一生を映し出すスクリーンを見せられる

自分の人生のすべてが映画のようにスクリーンに映し出されます。

多くの霊人の前で、
自分はどんな生涯を生きたかを徹底的に見せられます。
ここで、魂にとっての問題点を教えられ、
それにふさわしい世界で修行をすることになります。

コラム

臓器移植の驚きの真相

現代医学では、脳死を死と定義していますが、ほんとうの死とは、心臓が止まり、霊子線が切れたときです。ですから、脳死の段階で臓器を取り出してしまうことは、まだ生きている人間の肉体にメスを入れて、内臓を切り取るのと同じ行為であり、本人は当然のことながら痛みを感じています。この衝撃に、耐えられる人がいるでしょうか。

また、内臓にもそれぞれ意識があります。とくに心臓の場合、本人が十分に納得していない段階で取り去り、他の人に移植すると、霊体の一部も移植されることになり、いわゆる「憑依現象」が起きます。

つまり、移植を受けた人の魂とその人に憑依した魂が共存状態に入り、その結果、拒絶反応が起きるのです。

さらに、臓器を取られ、あの世への旅立ちを妨げられた霊たちは、たいていの場合、「不成仏霊《ふじょうぶつ》」となり、さまざまな不幸を引き起こしてしまいます。

ただし、こうした事実を理解し、あえて菩薩行《ぼさつぎょう》を実践するために臓器を提供する場合は、この限りではないといわれます。

参考
『霊界散歩』大川隆法著
（幸福の科学出版刊）

第3章

残りの人生が光り輝く、生涯現役の秘訣

「ネバーエンディング・セミナー」の素晴らしさ

百歳まで生きる会　田中稔之

「死は終わりではない」が出発点

死の真実を無視した終活には、さまざまな問題点があることを述べてきました。

では、正しい終活とは、いったいどのようなものなのでしょうか。その理想を追求したのが「ネバーエンディング・セミナー」です。

「あの世は100％ある」

「人は肉体ではなく霊である」

「死んだら、あの世に還る」――

こうした大川隆法総裁が説かれた仏法真理が、このセミナーの出発点です。

そして、「死そのものをどう迎えるか」という「死に対する心の準備」をしていきます。ここが、一般的な終活セミナーと決定的に違います。

「あの世に旅立つときに、私はどういう自分であるべきか」――それを見つめていくのです。

とにかく仏法真理を知ることが大事です。生まれ変わりの仕組みや、「あの世には天国と地獄がある」ということなどを知らなくてはなりません。

大川隆法著『先祖供養の考え方』（宗教法人 幸福の科学刊）より

ハッピー・エンディング・ノートで魂が輝く瞬間を思い出す

人はみな人生修行のためにあの世からこの世へと生まれ、そしてまたあの世へと還っていく存在だといわれます。

そこで、このセミナーでは「ハッピー・エンディング・ノート」を用いて、人生をふり返ります。これは「来世《らいせ》への幸福」のためという意味で「ハッピー・エンディング・ノート」と名づけました。人生観を見直すためのもので、世間のエンディング・ノートとは、まったく違うものです。

セミナーの冒頭で、講師はこのように語りかけます。「あなたも、その魂（心）をもっと輝かせるために、この地上で修行を積むために、生まれてきたのです。その前提に立って、自らの人生をふり返ったとき、そこにどんな困難や苦難があったとしても、必ず魂が輝く瞬間があったはずなのです。ぜひ、その瞬間を思い出してみてください」と。

「ネバーエンディング・セミナー」では、このように、人生をよきものとして、

ハッピー・
エンディング・ノート

見つめていきます。

さまざまなご苦労もあったでしょう。でも、恨みつらみは、いったん横に置いて、輝いていた自分を思い返していきます。さらに、親、兄弟、夫、妻、子ども、友人……縁あって出会った方々の顔を思いながらノートに書いていくのです。すると、不思議と涙がポロポロこぼれてきます。

いままで、「ただ苦しかった、つらかった」としか思っていなかったことや葛藤が、感謝に変わる。

それは、奇跡の瞬間でもあります。

わだかまりのある人の場合は、感謝ノートをつける

そうはいっても、「苦労ばかりかけられ、感謝なんてできません」という方も、いらっしゃると思います。でも意外と相手からしてもらったことがあるものです。

具体例をあげてみましょう。

「あんたはどうせ他人だから」と言われたことがショックで、義父を許せないお嫁さんがいました。顔を思い出すだけでも、いやな記憶がよみがえってきます。そこで、これまでにしてもらったことを、一つひとつ感謝ノートに書いてもらうことにしました。

すると、子どものランドセルを買ってもらったこと、旅行に連れていってもらったことなどが次々と思い出され、それらを書き出していくうちに、どれほど義父に愛されていたかがわかりました。

「義父の厳しい言葉は、人に対して感謝のなかった自分に対するものだった。申し訳なかった」と涙があふれたそうです。すると、翌日、なんと半年ぶりに義父から「久しぶりにごはんを食べよう」と電話があったというのです。

目には見えませんが、気持ちはすぐに通じるんですね。

このように、今世《こんぜ》の人生を見つめ直すと、どれほど自分が多くの人に愛され、生かされていたかがわかり、感謝の気持ちがあふれ出すのです。

人生の意味を腑に落とす

神仏から人生が与えられている。そして、家族や人間関係、経験、すべてを与えられている。

人間とは、この世に偶然に投げ出されたような存在ではなく、その一人ひとりに対して、個々に人生が用意されている。それが神仏の慈悲なのだということを、最終的に腑に落としていきます。

自分が何のために生きてきて、死ぬまでに何をしなければならないのか。あるいは、いろいろな悩みがあるけれど、それほど悩むべきことなのかという視点を持つことができるのです。

そして、自然と「残された人生をどう生きるべきか」に目が向いていき、もっと有意義に生きる意欲が湧いてくる。人生が輝いていくのです。

生涯現役人生に向けて

死は、この世を卒業し、あの世という次の学校に入学することであると、私たちは仏法真理から学んでいます。

そうであるならば、今世の人生を自分なりにいい人生だったと納得して卒業したいのは、誰もが同じではないでしょうか。

その卒業に際して大切なのが、利他《りた》の思いです。自分のための自己実現ではなく、世の中のために貢献する。子孫のために、あとに続く人のために、何かできないか。そういう思いで生きていると、自ずと生涯現役人生が開けてきます。

歳をとると、意固地になったり、わがままになりがちですが、晩年になって、利他の思いで生きることができるのは、とても素晴らしいことだと思います。そして、それは、「今世で終わりではない」という確信があるからだと思うのです。

ある女性は、念願だった起業を実現しようと、70歳で発芽玄米の食品を販売する会社を立ち上げて成功しています。また、55歳から大学に通い、7年越しでケアマネージャーの国家資格に合格された方もいらっしゃいます。

あの世でも経験を生かせるから、年齢を理由にチャレンジをあきらめてしまう必要はありません。

死の間際に後悔したり、許しを乞うのではなく、精一杯生きたという満足感に満たされて、その瞬間を迎えたいものです。

終活とは、天国に還る智慧

また、終活で忘れてはならないのは、ちゃんと天国に還る智慧を持っているか、という観点です。どうしたら地獄に堕ちないで、天国に行けるのか。それが、仏教でいう悟りの意味でもあります。

ですから、終活をするなら、宗教性に則ったものでなければ意味がなく、さらに確実に天国に還りたいのであれば、「ネバーエンディング・セミナー」を、ぜひ受けていただきたいと思います。

今世で終わりではない。あの世に還ってもやることがある。それならば、この世で何をしておかなければならないのか、と考えていただきたいのです。

そう、終活とは、生き直すチャンスでもあるのです。

「死んだら全部終わり」と考えるのか。「あの世を信じて、地上でやるべきことをやり遂げよう」と考えるのか。

どちらが有意義な人生を送ることができるか、おわかりいただけましたでしょうか。

天国に還った場合は、「この世の修行を見事に完成して、卒業した」ということになります。死というものは、いわば、この世の卒業式であり、あの世へ行くことは入学式なのです。

したがって、ほんとうは、死はおめでたいことであり、遺された人たちは、天国に還った人に対して、「見事に修行を終えられ、おめでとうございます」と言うべきなのです。

大川隆法著『先祖供養の考え方』（宗教法人 幸福の科学刊）より

葬儀社も驚く、感動的で明るいお葬式

あの世や霊を信じている人たちのお葬式とは、どんなものなのでしょう。

いままでいっしょにいた人と別れるのはつらいから、悲しい場面もありますが、やはり卒業式という意味で、「よくがんばったね」「ごくろうさまでした」という気持ちがこみ上げてくるようです。

また、死はお別れではなく、その方の存在がまだ続いているということを実感している人も少なくありません。

ある幸福の科学式の葬儀のとき、奥様が嬉しそうにニコニコしているので、「ご主人が亡くなったのに、嬉しそうにしていてはまずいでしょう」って言うと、「いえ、主人がそこに立っているんです」と。棺の横にご主人が立っていて、ニコニコしながら「いやあ、死んだら、お前たちが言った通りだったよ」と言ってくれているので、奥様は嬉しくなってしまったというのです。

このご主人はあの世を信じていませんでしたが、家族が正しい葬儀をすることによって、ご自分の葬儀で真実に目覚め、次の悟りへとステップアップしたわけです。そこが、霊的な真実を踏まえた葬儀と、形式だけの葬儀との決定的な違いだといえるでしょう。

この様子を見ていた葬儀屋さんが、「お葬式で悲しんで泣いている人の姿はたくさん見てきましたけど、感動して泣いている人の姿は初めて見ました」とびっくりしていたそうです。

幸福の科学式の葬儀では、たしかに感動的なシーンが多いのです。実際に霊の姿が見えたとか、「ありがとう」を言いに来たとか、そのような話は枚挙にいとまがありません。

天上界からお迎えがくる光の感覚や、祝福されている感覚を、参列された多くの方々が実感されています。ですから、葬儀の雰囲気がとても明るいのです。また、亡くなった友人がお通夜の夜に夢枕に立ち、ニコニコしながら「お先に～」と言われた方もいます。

たしかに、あの世に行っても仕事はあるし、活動の場が変わるだけですから、「先に行って、待ってるね」という気持ちなのでしょう。そういう意味で、死とは本来、苦しいとか悲しいとか、つらいというだけのものではなく、葬儀も明るく幸福感に満たされるものもあるのです。

仏法真理を知り、「終活難民」からの脱却を

核家族化によって身寄りのない人が増え、自分のお葬式を出せるかどうか心配な方。また、いろいろな終活セミナーに行っても、いまひとつ満足できない方。そんな「終活難民」と呼ばれる方々が増えているようです。

それは、どうしてなのでしょうか。

大型スーパーや旅行代理店、出版社や新聞社などが開催している終活は、単

なるビジネスのための商品企画でしかなく、宗教的な真理に基づいているとはいえない面があるからです。

これまで述べてきたように、死とはとても宗教的な体験の瞬間です。その死を見つめる終活から、宗教を排除してしまっては、魂が満たされるはずがありません。

私たちは、ひとりでも多くの方が、死の真実を知り、安らかに旅立っていただけるよう、これからも「ネバーエンディング・セミナー」を広げていきたいと思います。

コラム

やさしい仏法真理

仏教が教える転生輪廻の秘密

人は、あの世からこの世に生まれ、
そしてまた、あの世に還っていきます。

人は、魂の学習のために、
あの世で人生計画を決めて、地上に生まれてきます

参考
『悟りの挑戦（上巻）』
大川隆法著
（幸福の科学出版刊）

家族や仕事で出会う人たちと
魂の修行のためにさまざまな経験をします
やがて誰もが死を迎え、あの世へと還ります

四《し》苦《く》

生《しょう》
生まれる苦しみ

老《ろう》
老いる苦しみ

病《びょう》
病の苦しみ

死《し》
死の苦しみ

八《はっ》苦《く》

愛別離苦《あいべつりく》
愛する者と別れる苦しみ

怨憎会苦《おんぞうえく》
憎む人と出会う苦しみ

求不得苦《ぐふとくく》
求めるものが手に入らない苦しみ

五陰盛苦《ごおんじょうく》
五感※煩悩《ぼんのう》が燃えさかる苦しみ

※視、聴、嗅《きゅう》、味、触覚の五つの感覚から生じる人間の欲のこと

苦しみを解決するための道

苦《く》
四苦八苦の苦しみのこと

集《じゅう》
尽きない欲望やこの世のしがらみなど、苦しみの原因がわかること

滅《めつ》
欲望をなくして、あの世があるという霊的価値観に基づいて、魂（心）が自由自在の境地になること

道《どう》
仏教の代表的な修行法の八正道《はっしょうどう》（正見・正思・正語・正業・正命・正精進・正念・正定）を実践し、「滅」で得た境地を、日々の生活に生かしていくこと

第4章

僧侶としての本来の役割「引導を渡す」とは

僧侶としての本来の役割は「引導を渡す」こと

もし、実際にあなたが病床で死を迎えたとしたら、どのようになると想像しますか。

幸福の科学総裁、大川隆法先生が、「引導を渡すとは」（２０１３年10月収録）という法話のなかで、死後、２週間経った故人の霊（70代・男性）を呼び出し、霊言《れいげん》というかたちでその心境を問いました。

霊言とは、大川隆法総裁の霊能力によって、スピリチュアルエキスパート（チャネラー）に、故人の霊を入れて語らせる手法です。大川総裁は故人の霊を説得し、霊界へと旅立つよう導きを与えます。

「死」に対する生前の認識は人によって違いますが、ふつうに生きた人が「死」を迎えるとこのようになるということがわかる稀有《けう》な事例です。

霊言とは?

あの世の霊を呼び出し、その言葉を霊能者が語り下ろす現象です。

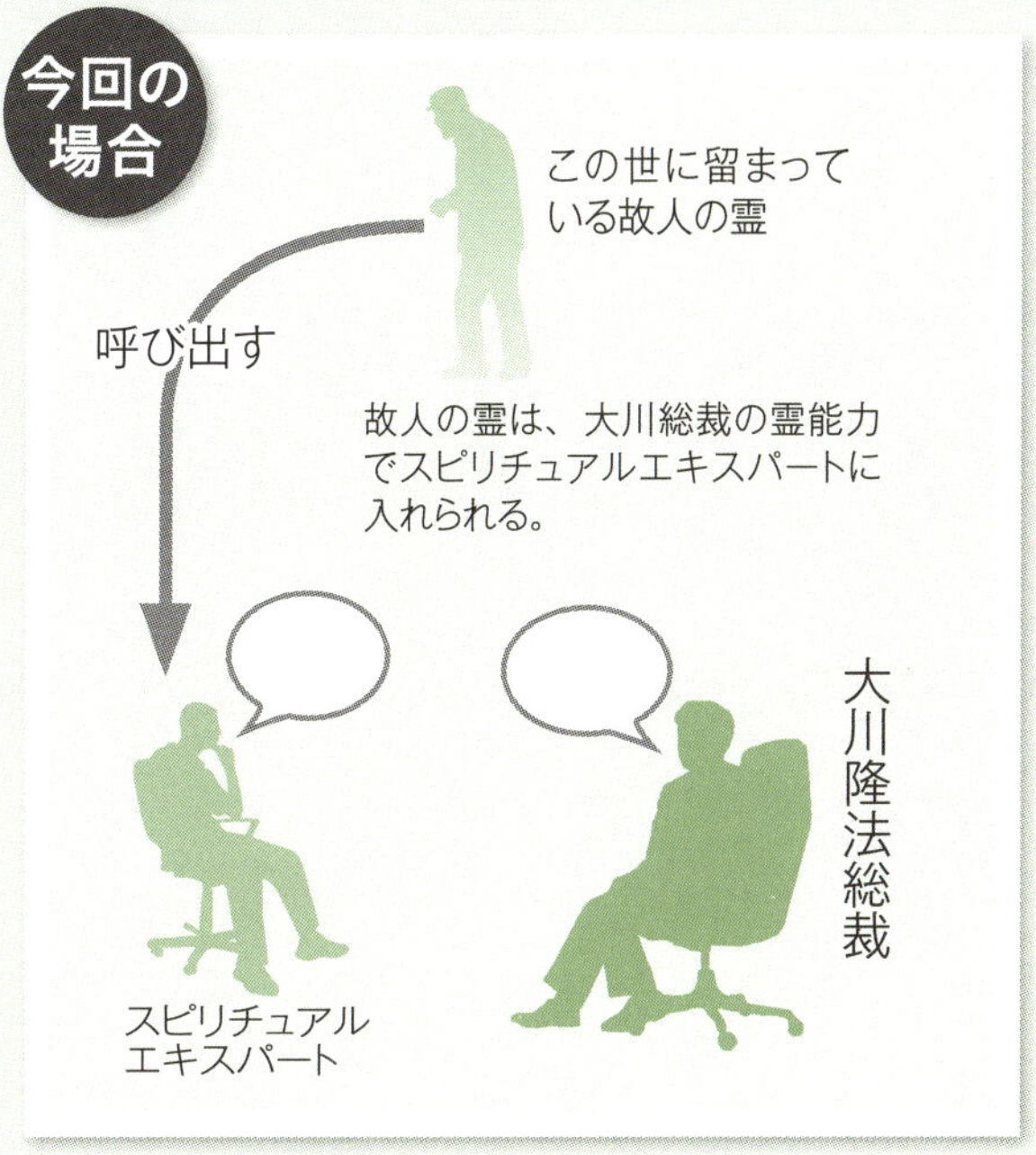

スピリチュアルエキスパートの口を通じて話す故人の霊が、大川総裁と会話を始める。

自分が死んだことを理解できない故人の霊

故人の霊は、生前、霊界の知識を持っていましたが、亡くなったあと、「自分が霊になったこと」を、にわかに納得できませんでした。そのために、どうしていいかわからず、地上に留まり、迷っていたのです。

大川総裁は、故人の霊をスピリチュアルエキスパート（チャネラー）に入れて、あの世に導くために説得を始めます。

大川隆法 （スピリチュアルエキスパートに入っている故人の霊に対して）ほんとに死んだって分かってるの？

故人の霊 いやあ、意外にねえ。意外に、なんか、変わらないんだよなあ、死んでも。

（中　略）

大川隆法　まあ、正直言って、行き場がまだ分からないので、身内のところにすがってきている感じですね。

故人の霊　うーん。

大川隆法　だから、どうしたらいいかが分からなくて、身内のところに来てるという感じに見えるんですが。

故人の霊　だから、さっき、先生にも言ったけど、「死」って、よく分かんないんだよ。

四十九日の意味について

昔から初七日、四十九日といわれますが、故人の霊は最初の7日間ぐらいは地上に留まり、自宅の近辺をウロウロするといわれます。そして、四十九日（約2カ月）で、死んだ人がその後、どういう世界に行って、どういう生活をするかということが決まるといわれます。ある程度の期間が過ぎると、霊体として、この世の物質的なものを落として霊界（あの世）へと旅立ちます。そして、よくいわれる「三途の川」を渡れば、本格的な死者となり、霊界の入り口へと入ります。

質問者A　もう本当はね、三途の川を渡らないといけないんですよ。

大川隆法　うん。そうだね。そろそろだね。

故人の霊　三途の川？　三途の川か。

質問者A　三途の川って、ご存知ですよねえ？

故人の霊　知ってるよ、そりゃあ。いや、三途の川があるとかな

質問者A　いとか、考えたこともないからさあ。

大川隆法　でも、いずれそういう場面が来ますから。

昔の人は、死んだ人が四十九日ぐらいは、地上に留まるかもしれないけど、それを過ぎたら、もう、あの世へ行って還ってこれなくなると思っていたのでしょう。

それで、お別れをする期間が四十九日だったんですよね。普通は、四十九日もいないことも多いんですけど、まあ、二週間か三週間いるのは、別におかしくはないことです。その間にいろいろ霊的な体験をして、肉体を持っている人間じゃないっていうことを、なんか感じるんですよ。壁を抜けたり、空を飛べたりします。人に話しかけても、その声は聞こえない。うちはたま

たまね、話しかけて声が聞こえる人がいるから、生きているような気がしているのかもしれないけどね。

胸の中に手が入ったことに驚く故人の霊

「死」がよく理解できないという故人の霊に対して、大川隆法総裁は（故人の霊に対して）自分の手を胸に差し込むよう促します。故人の霊に、すでに肉体がなくなったということを悟らせるためです。

大川隆法　（故人の霊に対して）手を胸に差し込んでごらんなさい。突き抜けるはずだから。

故人の霊　お！　心臓動いとるぞ。

大川隆法　手を差したら、体を突き抜けるはずですから。そんなことは、生きている人間にあるはずはないから。
故人の霊　あれ？　どうなっとるんじゃ、これは。
大川隆法　うん、手が突き抜けてくるんですよ。
故人の霊　いや、おかしい。ここに体はあるぞ。
大川隆法　うーん。体はあるけど、手が通り抜けるでしょ？
故人の霊　どうなってるんだ？　これは。
大川隆法　だから、それが違いなんですよね。

迷いのなかにある故人の霊

自分の手を胸に当てると通ってしまったことに、故人の霊はただただ驚きを隠せません。

質問者A　どこ行ったらいいのかが今分からない？

故人の霊　うーん。

大川隆法　うーん。

故人の霊　死んだらしいっていうことは、まわりに言われるんだけども、死の定義も分からないし、今、わしは何をしとるかよく分からん。さっきなんか、胸に手を当てれば通ってしまうし、もう、なんか訳が分からんのだよ。何なんだ？　これは。

新たな人生への旅立ち

こうした対話を通じて、霊となったことを次第に気づきはじめた故人の霊ですが、これから行くべき道について関心が芽生えて質問をするくだりです。

故人の霊　で、あの世に還って、何？　私は、どうすればいいんですか？

質問者A　新しい人生が始まるんですよ。

大川隆法　そちらが本当の世界なんですよ。この世の世界は、仮の世界でね。みんな肉体に宿って、ほんとうは誰が偉いのか、分からないまま生きているんですよ。だけど、まあ、そのなかで試されて、魂を鍛えられて、あの世に還って一年生にもう一回戻るんです。もう一回小学生に戻らなきゃいけない。この世で偉かった人も、大会社の社長も中小企業の社長も、あるいは平社員も、みんな一年生なんですよ。もう一回、ゼロに戻さなきゃいけなくなるんですよね。

死を受け入れようとする霊人

この世から卒業してあの世へ行くことを理解しはじめた故人の霊に対して、大川総裁は、「憑依」と「神様に近い格のある人からの霊的な指導」との違いを解説します。

故人の霊　うーん？　そうか。わしは死んだんだなあ……。

大川隆法　死んだんですよ。肉体は焼かれて、ありませんからね。もう、肉体に宿ることできないし、生きている人のなかに入るぐらいしか、今、方法はないんだけど、本に書いてあると思うけど、それがいわゆる「憑依」ということになるからねえ。だから、憑依じゃない場合は、もうあの世へ行って、悟って、光の天使になります。神様に近い格がある人が、降りてくる場合は、憑依とは言いません。これは指導に来ているわけで、霊的に指導をして、救いに来たり、教えを説きにくるわけです。

今の状態は、その状態じゃ、まだありませんねえ。まだ、死後の世界について十分、分かり切ってない状況ですね。

死んでからしか分からないあの世

霊的世界（あの世）に行く心の準備が整うと、迎えの使者が訪れます。あの世のことをほんとうに信じていなければ、なかなか成仏できないようです。

大川隆法　もうちょっと、あの世に行く心の準備が整ってきたら、ちゃんとした人が迎えに来てくれるはずですから。

故人の霊　ああ。来てくれますか？

（中略）

大川隆法　まだ混乱しているんだと思います。死んでみないと分からないんですよ（笑）。

故人の霊　分からないんだよ。

大川隆法　あのー、生きてたうちにいくら聴いても、

故人の霊　分からない……。

大川隆法　みんなねえ、（仏法真理で、あの世があるということを）聴いていても、頭に入らないんですよ。「ほんまかなあ」と、嘘かほんとか分からないままで過ごしている。死んでみて初めて、言っていることが、ほんとかどうかが分かるんですよ。だから、ほかの宗教でも同じことが起きていると思いますよ。ほんとにあの世のことが分かってな

いのに、説教している人もいると思うんですよ。知識としてだけ伝えているけど、（説教する）本人が信じていない場合、そんな説教って、やっぱり胸に入らないもんですよね。

死はこの世からの卒業

大川隆法総裁の説得によって、故人の霊は、霊としての自覚を深め、最後にはあの世で自分のやるべきことを考えはじめました。

大川隆法　あの世の世界からこの世は見えるけども、この世の人にあの世の世界は、見えないんですよ。

故人の霊　うーん。確かになあ。

大川隆法　そういう意味では、あの世の世界に行くっていうことは、やっぱり、卒業して、偉くなったということなんです。だから、この世の人は、あの世の人のことが見えないのに、あの世の人はこの世の人を見えて、考えていることが分かってしまうんですよ。だから、一段上に上がって、二階から見ている状態なんですよね。

故人の霊　うーん。

大川隆法　うん、それでももう一回人生観を見直してほしいし、この世で間違った生き方をしている人に、やっぱり、導きを与えたりする仕事も、あるわけですねえ。（中略）間違った生き方をした場合は、ちゃんと教えなければ、いけない。

故人の霊　わし……。そうか。じゃあ、わしが先に先輩で上がって……。親友がたは、わしがちゃんと教えてやんなきゃいけないですねえ。

大川隆法　そうですねえ。同僚たちや後輩たちを導かなきゃいけませんね。

死後はすべてが宗教の世界

「引導を渡すとは」の法話抜粋によって、現代の終活の危うさが見えてきたのではないでしょうか。大川隆法総裁は、法話のなかで、宗教の大切さを改めてこのように説かれました。

大川隆法

宗教をね、生きているときは信じるも信じないも自由だとか、みんな言いたい放題ですが、死んだあとは、全部が宗教の世界になるんですよ。これを知らないということは、切符がないのと一緒で、行き先が決まりません。だから、幸福の科学のことを見て、少しは理解してたんだろうけど、認識がきっと浅かったんだろうと思うんですね。この世の人が理解する程度の理解までしか、行っていなかったんじゃないかと思います。もう一段、信仰っていうのは〝飛ばないといけないもの〟があったけど、「たまたま身内が幸福の科学をやっている」ということで、「まあ、店を開いたので、そこの商品を買わなきゃいけない」といった商売の付き合いぐらいの感じの、付き合いだったたんじゃないかなあという感じはしますね。

第5章

知っておきたい葬儀とお墓のほんとうの意味

幸福の科学の葬儀・供養・納骨の功徳

聖地・四国正心館 館長　伊藤真道

いとう しんどう●1957年、愛媛県生まれ。在家時代はグラフィック・デザイナーとして活躍。インドに放浪ののち、廃村に入植するなど異色の経験を持つ。1987年に幸福の科学に奉職し、指導局長、総本山・那須精舎館長などを経て、現在、聖地・四国正心館の館長を務める。法要導師として、数多くの法要、儀式等を執り行っている。

※聖地・四国正心館……2007年に落慶した幸福の科学の宗教施設で、宗教的儀式や研修が行われている。2011年5月には、聖地・来世幸福園（霊園）が開園した。

生きているうちに「死」と向き合う大切さ

最近の終活ブームについては、「最期の瞬間まで、よりよく生きたい」と願う方々が増えてきているのだろうと感じています。終活を通して「死」を考えることは、とてもよいことだと思います。

幸福の科学の研修施設であり、私が責任者を務める聖地・四国正心館の来世幸福園（霊園）では、〝棺桶に入る体験〟をしてもらっています。

棺桶の蓋《ふた》を閉められて真っ暗になったときから、自分の人生をふり返る方、実際に走馬灯のように一生をふり返ることができたという方もいらっしゃいます。

また、反省が深まったり、「ああ、死というのは、こうして肉体から魂が抜け出すんだな」という霊的感覚を実体験される方も多いようです。

このように、生きているうちに死と向き合ってみることは、とても大切なことだと思います。

仏教の「生老病死」の奥にある世界へ

仏教には「生老病死」という四苦の教えがあります。

四苦は、かつてお釈迦様が説かれた有名な教えですが、幸福の科学総裁、大川隆法先生からも、「人間には、生まれる苦しみがあり、老いる苦しみがあり、病の苦しみがあり、そして死の苦しみがある」と教えられています。そして、その奥に本来の素晴らしい霊的世界（あの世）があるということを学んでいます。

死と向き合うことで、苦しみだけの世界に見えるこの世の奥にあるほんとうの世界のことを考えなさいということだと思います。

ただ単に、死への不安や恐怖に突き動かされて行動している方もいらっしゃるでしょう。そういう方には、しっかりとあの世の知識を持っていただくとよいと思います。

終活ブームの過程で、宗教への入り口にたどり着く方々が増えるよう願っています。

宗教を排除した終活ブームの落とし穴

終活には、エンディング・ノートや遺言の書き方、あるいは生前の整理など、さまざまなテーマがありますが、どうもこの世限りの事務処理のようなところで終わってしまっていて、心の琴線に触れるところまで踏み込めていない方が多いように思われます。

たしかに、まわりに迷惑をかけたくないという気持ちはわかりますが、一番の問題は、あの世を知らないまま死んで、霊となってから子孫に迷惑をかけることです。

大川総裁の霊言集では、あの世に旅立てず迷っている、あるいは地獄に堕ちている霊人が、その苦しみを語っています。霊的世界（あの世）を知らずに終活をしてしまうと、死後に自分自身が迷って、不成仏霊となって子孫に迷惑をかけてしまう。こういう怖さが実際にあるのです。

つまり、ほんとうの終活とは、死後に霊となってから、子孫に迷惑をかけないように準備することです。

宗教を排除し、霊的世界をまったく問わない、この世的な終活が、結果として、あの世の不幸をつくってしまう危険性があるのです。

通夜の本当の意味とは？

現在は、通夜や葬儀をしない方が多くいらっしゃいます。しかし、通夜や葬儀は、あの世との関係において、とても重要な役割を果たしていることを見落としているように思えます。

通夜がなぜ必要なのか。それは、亡くなった方に死の自覚をしていただくための時間だからです。

仏法真理によると、死後、だいたい24時間たってから魂が肉体から抜け出します。そのときに、肉体と魂をつないでいる霊子線というものが切れます。

この霊的な真実を、仏教は分かっていたからこそ、通夜と葬儀を行い、死の自覚を促し、24時間以上たって火葬するという習慣があるわけです。法律でも、死亡後24時間経過しないと火葬してはいけないことになっています。

通夜は、死を自覚させる大切な時間

そして、通夜のもうひとつの役割に、「死の自覚を促す時間」があげられます。「あなたは死んだのです。この肉体から離れて、この世の執着を取って、あの世に旅立ってください」という説得の時間が通夜であり葬儀です。ですから、こうした儀式をまったくしないと、亡くなった方が死の自覚のないまま霊となって、この世に放置されてしまう。

結果として、その方が不成仏霊になって家族に障りを起こしたり、地上に長くさまよったりという不幸がダブルで起こってしまう危険性があります。

だからこそ、通夜や葬儀などの儀式を省いてしまう直葬《ちょくそう》はよくありません。

流行りの0葬などの思わぬ落とし穴

また0葬《ゼロそう》というのもあります。これは、「葬儀はいりません」「遺骨は火葬場で処分し、お墓もいりません」というものです。

葬儀不要というのは、直葬と同じで、不成仏霊になる危険性があります。お墓もないので、死後の供養もできません。

仏法真理によれば、お墓は、亡くなった方への感謝の思い、供養の思いを届けるためのアンテナの役割をしているといわれます。お墓がなく遺骨もない場合は、きっかけとなるアンテナがない状態なので、供養しようにも供養する場所がなくなってしまうのです。

散骨・自然葬・樹木葬の問題点

さらに、最近では、海や山に遺骨を撒く散骨なども安易にされているようです。人が自然に還るような雰囲気で、一見よさそうに見えるのですが、じつは散骨の問題点として、大川総裁は次のような趣旨のことを指摘されています。

「自然葬や散骨は、お墓をつくらないのと同じで、その人を供養する対象がなくなる。アンテナの立てようがなくなる。だから、あの世のことを悟っていなかった方が散骨されると、『迷いますよ』」と。

結局、正しい霊的知識から見ると、こうした散骨や樹木葬、直葬や０葬というのは、唯物論の弊害といえそうです。

供養されるほど光の世界へと近づく

供養とは、亡くなった方のあの世での人生に光を手向けるという、生きている側の取り組みです。感謝を捧げたり、徳を偲《しの》んだり、読経したり……。それらを通して、その方の素晴らしさや徳を称える行為でもあります。

地上の子孫から感謝の思いが届けば届くほど、あの世での※霊格《れいかく》が上がり、住む世界がより光の世界へと近づくのです。つまり、感謝を捧げることは、亡くなった方がより神仏の世界に近づいていくための浮力になるのです。ですから、素晴らしい人生を生きた方、とても大切な方、愛する方を供養することで、あの世の幸福へとお導きすることができるのです。

供養とは、生きている側、遺された子孫が、積極的に亡くなった方を幸せへと導こうとする、尊い宗教的な行為であるといえます。

※霊格……霊界（あの世）における霊人の格。この世でいう徳の高さにつながる精神的な成長レベルのこと。

天国で幸福に暮らしておられる先祖に関しては、時々、近況のご報告をして、そして感謝を申し上げ、「子孫としての自分たちに至らないところがあれば、よくご指導ください」とお願いをしておくというようなかたちでよいと思うのです。

大川隆法著『幸福供養祭　特別御法話』（宗教法人 幸福の科学刊）より

すると、あの世でも、時々、下界から便りが届くというかたちになり、「ああ、子孫ががんばっているようだな。それはよかった、よかった。めでたいことだ。ああ、うれしいな。懐かしいな」という感じになるわけです。

大川隆法著『幸福供養祭　特別御法話』（宗教法人 幸福の科学刊）より

霊は家族の生き方を見ている

また供養では、遺された方々が正しい生き方をしていることが、大切です。亡くなった方は、生きている人たちに関心を持っています。そして、その生き方から自分の間違いや心の問題を反省する機会を得ています。仏法真理では、地上に生きている側も、正しい信仰に基づく正しい生き方をすること自体が、供養になると教えていただいています。

幸福の科学の永代供養で唱えるお経に、「総本山・先祖供養経」というものがありますが、このお経も仏の言霊《ことだま》で書かれています。このお経を読経し、供養することによって、わかりやすい現代の言葉で書かれた神仏の教えをあの世で学んでいただけるのです。

このように、供養は、亡くなった方のあの世の幸福にとって、とても大切です。

先祖供養をするときには、（中略）供養している人自身も自分自身を振り返り、反省する気持ちが大事ですし、亡くなられた方にも、「この間違った思いと行ないで生きられたのだから、そこのところをよく知ってくださいよ」ということを教えてあげるという気持ちで行なうことが大事です。

大川隆法著『幸福供養祭　特別御法話』（宗教法人 幸福の科学刊）より

引導を渡せるかどうかは僧侶の悟り次第

僧侶のもっとも大切な役割は、引導を渡すことです。これに尽きるといっていいでしょう。そのためには、葬儀を行う導師や僧侶が、あの世の真実を知っていなければなりません。

〝法力《ほうりき》〟という言葉がありますが、亡くなった霊に対して、「あなたは亡くなったんですよ」と、しっかりとあの世のことを悟りの力で説得する。そして、「お迎えの使者たちに導かれて、正しい世界、本来の世界に還りなさい」と諭す。葬儀は、このような説得の場でもあります。

亡くなった人に、死の自覚、霊的存在の自覚を促すと同時に、行くべきあの世の世界を案内してあげることが、導師や僧侶にとってとても重要なことですし、参列される方々も、そんな思いで、ご焼香したり、祈りを捧げたり、読経したりしていただくとよいと思います。

漢文のお経は、残念ながら、たいていの霊には言葉の意味がよく分かりません。（中略）そのため、「漢文のお経による供養だけでは、死んだ人が成仏する（天国へ還る）ことはまずない」と考えてよいでしょう。（中略）

しかし、当会の「仏説・願文『先祖供養経』」のように、非常に分かりやすい経文であれば、みなさんがそれを聞いて理解できるのと同じく、亡くなった人でも理解できるのです。

大川隆法著『先祖供養の考え方』（宗教法人 幸福の科学刊）より

心の浄化をすることが一番の終活

あの世の幸福を前提にして、心の浄化を常日頃から考えて生きることこそ、あの世の幸福への入り口であり、天国へ還るための道です。

では、晩年になってから終活を始めようとされる方は、何から取り組んだらいいのでしょう。

まず、最初にしていただきたいのが、自分の生涯の反省です。生まれてからこれまで、自分の思いと行いをしっかりとふり返り、間違いがあったら神仏に謝る。わだかまりがある人がいたら、その人に謝る。恨んでいる人がいれば、その恨み心を解いていく。執着しているものがあれば、その執着を捨てていく。この世への執着や恨み心やさまざまな人間関係の葛藤などをなくしていって、心を浄化すること。これが一番の終活です。

心の浄化は、それ自体が学びであり、修行です。

つまり、霊的な自分というものをしっかり認識し、あの世の知識を知り、心の汚れを取ることによって、この世のみならず、あの世でも幸福になる。

大川総裁は、幸福論として「この世とあの世を貫く幸福」を説いています。これは、この世的に幸福であるだけでなく、あの世の視点から見ても幸福である生き方のことです。その実践こそ、ほんとうの意味での終活そのものであるということを、ぜひお伝えしたいと思います。

終活難民の不安を取り除く方法

一人暮らしの方、身寄りのない方は、「自分が死んだら誰が葬式をあげてくれるのか」とご心配でしょう。そのような方たちを、「終活難民」などというようですが、そうならないためには、どうしたらいいのでしょうか。

死への恐怖や不安、葬式の心配を乗りこえるためには、あの世のことを知ることが大切です。

そのためにも、幸福の科学で仏法真理を学んでほしいと思います。真実の世界に目覚めることによって、法友《ほうゆう》（仏法真理を学ぶ友）ができます。みんなが、その方の晩年の心の修行を支えてくれます。そして、法友たちに看取られてこの世を卒業していく。そういう生き方が可能であることを、お伝えしておきたいと思います。

信仰を通して仲間ができることによって、あの世への希望が持て、この世での具体的な目標、やるべきことが見えてきます。

あの世に行く前に、仏の弟子になっておきたい

幸福の科学では、※三帰誓願《さんきせいがん》をして信者になりますが、信者ではなかった方でも、来世幸福園に納骨されるときに、「死後三帰《しごさんき》」を受けていただき、仏陀・釈尊の生まれ変わりである大川隆法総裁の※仏弟子《ぶつでし》になることができます。

幸福の科学の納骨法要は、すでに亡くなっている先祖にとっても、とてもありがたい仏弟子への道が用意されています。

来世幸福園に入っていただくことや供養をするということは、あの世の先祖に対して幸せをプレゼントするチャンスです。そして、子孫にとって、大きな愛の実践になると思います。

※三帰誓願……仏（大川隆法総裁）・法（大川総裁の説く仏法真理）・僧（弟子が集う僧団）の3つに帰依して生きると誓うこと

※仏弟子……三帰誓願した信者

※死後三帰誓願式……幸福の科学の納骨堂に遺骨を納めることで、生前、信者でなかった方も三帰誓願することができる

第6章

「人生の思い残し」を拭い去る方法

自助努力で、高齢化社会を力強く生きる

シニア・プラン21室長　森　香樹

もり　こうじゅ●1947年7月、滋賀県生まれ。京都大学経済学部を卒業後、毎日新聞経済部記者等を務めたのち、1991年、幸福の科学に奉職。広報宣伝部長、「ザ・リバティ」編集長、広報担当常務理事等を歴任。現在、シニア事業室室長として、夢を描き活躍する「生涯現役人生」を実践する人たちを輩出しながら、さらなる発展をめざし、さまざまな取り組みをしている。

唯物論で片付けられない宗教的体験

私は、幸福の科学に出家する前まで、新聞記者の仕事をしていました。そこで感じていたことは、戦後のジャーナリズムは、唯物論的で、事象は追いかけるが、対象者の人間性や宗教的価値観といった深いところまで踏み込むケースが少ないということでした。そのへんが、日本のジャーナリズムの貧困さにつながっていると思うのです。

学生運動もやりましたし、唯物史観に基づくマルクス主義にも傾倒していました。それでも、宗教的な感動を覚え、胸を打たれることがしばしばありましたし、霊的な体験もありました。唯物論の世界では片付けられない、無視してはいけない世界があるという思いは絶えずあったのです。そんなときに、幸福の科学に出会いました。

戦後の唯物論教育の果てに

現在の終活ブームは、唯物的で、この世の後始末や整理で終わっているところが、残念に思えてなりません。遺産をどうするか、家をどうするか。それも大切ですが、それだけではさびしい。

結局、そこにあるのは無知であり、無明《むみょう》だと思うのです。

もちろん信仰心があって、あの世を信じている宗教者も多数おられると思いますが、あの世の真実を知らないまま、ただ家業を継いでいるだけのお坊さんが増えていると聞きます。だとしたら、恐ろしいことだと思います。

やはりその大きな原因は、戦後の唯物論教育にありましょう。

団塊の世代やその後の世代も含めて、神様の話なんて、学校で一言も聞いたことはないはずですし、まともな道徳教育すらありませんでした。ですから、唯物論教育や左翼教育によって、ずっと日本に流れてきた毒水のようなものが、この終活事情にも現われているように思います。

地縁・血縁の希薄化よりも信仰の問題

マスコミは、さかんに社会の絆がなくなったとか、地縁・血縁の希薄化を叫びますが、それよりも信仰や宗教が学校教育で一切否定され、日陰のものとして扱われてきたことが、大きな影響を及ぼしていると考えられます。

霊とか、魂といった人間の本質を学校で教えないから、「死んだら終わり」ということになり、「葬式はいらない」「お坊さんもいらない」「焼いたら樹木葬や散骨で、自然に還してほしい」ということになります。死後の世界を知ったら、こんなことはできないでしょう。

本来なら、日本人自身がこの異常性に気づかなければならないのですが、戦後の占領政策や戦前教育の反動から唯物論的な教育がいまも続いています。そういう意味で、いまこそ正しい宗教教育が必要です。

お年寄りの人生を輝かせるシニア・プラン21

幸福の科学では、大川隆法総裁の教え（仏法真理）のもと、シニア世代がいきいきと生きていけるようにシニア・プラン21という活動を行っています。

おもに、自助努力の精神をもって生涯現役で働く。もう一つは、あの世に旅立つために魂の再生をめざして、生涯の反省を徹底的に行うという二つの流れがあります。

つまり、生涯現役人生というこの世的なものと、魂の新生・再生というあの世的なものを両立させる考え方、心のあり方を学び、実践しているのです。

これまでは60歳というと、多分におじいさんやおばあさんのイメージがありましたが、いまはまったく違います。寿命も長くなり、90歳くらいまで生きるのも当たり前。人生１００年という時代がすぐそこまで来ているのです。

こうしたなか、60歳の方がシニア・プラン21で徹底的な自己反省をしたとし

ても、残りの人生はまだ20~30年もある。その人生後半戦をどのように有意義に生きるかがとても重要になってきます。

人に尽くすために、残りの人生を使う

シニア・プラン21で学んでいる方たちは、宗教心も篤く、自分だけでなく他の人の幸福のために生きたいという価値観を持っています。ですから、心の汚れやアカがあったら、それを落とし、自分の魂を新生させると同時に、多くの人々に霊的な真実や信仰の大切さを伝えるという大きな使命をも果たしていきたいと思っておられます。

60歳からの30年間、引退ムードで趣味の世界で生きていけばいいと思うか、それとも、真理を伝え、人のために尽くして、あの世に還ろうという決意を絶

やさずに生きていくか。この差は大きいですね。

やはりみなさん、60歳くらいになると、大きな人生の転機がやってきます。それは例えば定年であったり、急にやることがなくなったり、お役ごめんということになって人生が下り坂になったりと、人それぞれですが、やはり、シニアプラン21ではもうひとがんばりしてから、あの世に還りたいと、みなさんがおっしゃいます。

瞑想と反省で人生が変わる

大川隆法総裁は、「一生に一度は徹底的な生涯反省が必要だ」と言われています。
この世で反省をしないと、結局、あの世でしなければなりません。だいたい、死後1年から3年は、この世のアカ落としが必要だといわれていますから、こちらの世界できちんとやっておけば、早くしかるべき世界に還ることができるわけです。

シニア・プラン21では、瞑想や反省をします。

「なぜ失敗したのか」「なぜ人間関係がうまくいかないのか」「なぜあの人にこだわり、嫉妬心を持つのか」などについて、自ら深く考えます。すると、あるとき、その原因についてパッとインスピレーションをいただいて、劇的に変わる人もいますし、徐々に変わっていく人もおられます。ただ、言えることは、人から言われた言葉は忘れてしまいがちですが、反省や瞑想のなかで自分でつかんだものはなかなか忘れないということです。

ですから、シニア・プラン21に入って、「あなた変わったたね」と言われる人が多く、それが評判にもなっています。

生涯反省について、もう少し詳しく説明しましょう。

まず、幼少期、小学生、中学生……などと、年代を区切って反省をしていきます。そして、母親に対する反省、父親に対する反省、兄弟や友だち、仕事関係などの反省に入っていきます。

シニア・プラン21は毎週行うため、何度も反省や瞑想を積み重ねていくことができます。これがすごい効果を生み出すのです。基本コースが終わったら、応用や発展コースに進むことも可能です。続けていくことで、ある意味でプロの修行者になっていくのです。

生涯現役人生のために

また、生涯現役人生をめざすための「キャリア・ベーシックコース」もあります。このコースでは、まずは人生の反省があり、それから仕事の反省をして、生涯現役人生への道が開けていくようにカリキュラムが組まれています。また、専門の外部講師を招いて、職業等についてのガイダンスを受けられるようにもしています。働きたいけれど、何をやっていいかわからないという方が学んでいるうちに、「カウンセリングをやりたい」というインスピレーションを受け、資格も取られ、いまでは大学のカウンセラーとして活躍されている人もいます。

自由時間をたっぷり使ってポジティブライフ

このように見ていくと、高齢化社会といえば、ネガティブなひびきがありますが、高齢者の生き方を光明転回するチャンスともいえるのではないでしょうか。年齢とともに枯れていくことが普通だと思っていたけれども、そこで何かをつかんで、志や理想を持つことによって、人生がまったく変わってくるのです。

30歳から60歳までの30年間を思い起こしてみてください。子育てで忙しい、生計を立てるのが大変、人づきあいも頻繁で、自分の時間を持つのはとてもむずかしかったはずです。

同じ30年ですが、60歳から90歳までなら、自由時間はたっぷりあります。贅沢さえしなければ、生活もなんとかやっていけます。人間関係や仕事関係の煩わしさもありません。これをさびしいと思うか、逆にやりがいがあると思うか。私はこの自由時間は、とてつもない可能性を秘めていると思っています。

人生後半のこの時間は、来世へと続いています。これだけ時間があったら、趣味だけでフェードアウトしていくのはもったいない。もちろん仕事に生き甲斐を持つのもいいし、宗教的な新しい人間関係を構築するのもいいでしょう。考え方によって、若い頃よりもずっと夢が広がると思うのです。

60歳を境に、またもうひとつの人生がある。これが人生後半の味わいであり、豊かさです。シニア世代の魅力です。シニア・プラン21も、その要請にしっかりとお応えしていこうと考えています。

シニア世代が変われば日本も変わる

日本の高齢化社会を考えるとき、私は、あのケネディ大統領の言葉を思い出します。

「国家が何をしてくれるかではなく、あなたが国家に何ができるかを考えなさい」――。

自分が国から何かと助けてもらう存在ではなく、まわりの人や国家に貢献していく存在として、末永く活躍しつづける。そういう思いを持っている人が増えれば、日本の未来は明るいものとなります。

海外にも広がれば、世界も発展していきます。

歳をとると、どうしても誰かに助けてもらいたいと思いがちですが、自助努力と「ＴＨＩＮＫ　ＢＩＧ」の気概を抱き、「人のため、国のために役立つんだ」という強い思いと大きな理想を持っていれば、そう簡単に老いることはないと思います。

もらう側から、与える側へ

いまや65歳以上の高齢者は、日本の全人口の25％を超え、30％へ向かっています。ですから、一人でも多くの人が、「もらう側から与える側へ」、少なくとも「できるだけ自助努力をする方向へ」と発想を切り換えることが、とても重要です。

自分のことは自分でやるという気概を持ち、生涯現役人生をめざしたいものです。

私たちは、宗教を単に弱々しい善人のためのものとは考えていません。幸福の科学がめざしているのは、正しい宗教観と信仰を持った人が、この世の人生を精一杯生き、天国へと還っていく。同時に、この地上も素晴らしいユートピアにしていく、「この世とあの世を貫く幸福」です。

一人でも多くの方が、私たちの人生観、世界観に共鳴し、ともに歩んでくださることを願ってやみません。

『天国に還るための終活』参考文献

大川隆法 著『先祖供養の考え方』（宗教法人 幸福の科学刊）
大川隆法 著『幸福供養祭 特別御法話』（同右）
※右記は書店では取り扱っておりません。最寄りの精舎・支部・拠点までお問い合わせください。

大川隆法 著『永遠の生命の世界』（幸福の科学出版刊）
大川隆法 著『霊的世界のほんとうの話。』（同右）
大川隆法 著『霊界散歩』（同右）
大川隆法 著『神秘の法』（同右）
大川隆法 著『心と体のほんとうの関係。』（同右）
大川隆法 著『悟りに到る道』（同右）
大川隆法 著『悟りの挑戦（上巻）』（同右）

矢作直樹 著『人は死なない』（バジリコ）
島田裕巳 著『0葬』（集英社）
星野哲　著『終活難民』（平凡社新書）
ひろさちや 著『終活なんておやめなさい』（青春出版社）
「文藝春秋」2014年8月号／2014年11月号
「中央公論」2014年9月号／2015年8月号
「終活読本ソナエ」vol.1／vol.8／vol.9（産経新聞出版）
「マシュー・オライリー氏」（TED）参照

天国に還るための終活

5000人が涙した終活セミナーが教えてくれたこと

2015年９月27日　初版第一刷
2017年３月27日　　　第二刷

監　修　百歳まで生きる会

発行者　佐藤 直史

発行所　幸福の科学出版株式会社
〒107-0052　東京都港区赤坂２丁目10番14号
TEL（03）5573-7700
http://www.irhpress.co.jp/

印刷・製本　中央精版印刷株式会社

監修／田中稔之　企画編集／木藤文人　編集協力／小山恵美子（霧生企画室）
デザイン／谷本整治　校正／小島克井（フリー）　イラスト／ちよやあいみ（フリー）
※取材等でご協力いただきました皆さまに心より感謝申し上げます。

落丁・乱丁本はおとりかえいたします

ISBN978-4-86395-709-1　C0030

幸福の科学グループ創始者 兼 総裁

大川隆法

◆大川隆法（おおかわりゅうほう）プロフィール◆

1956（昭和31）年7月7日、徳島県に生まれる。東京大学法学部卒業後、大手総合商社に入社し、ニューヨーク本社に勤務するかたわら、ニューヨーク市立大学大学院で国際金融論を学ぶ。81年、大悟し、人類救済の大いなる使命を持つ「エル・カンターレ」であることを自覚する。86年、「幸福の科学」を設立。現在、全国および海外に数多くの精舎を建立し、精力的に活動を展開している。説法回数は2500回を超え、発刊点数は全世界で2200書を超える。またメディア文化事業として、映画「君のまなざし」（2017年5月公開）など、11作の劇場用映画を製作総指揮している。ハッピー・サイエンス・ユニバーシティと学校法人 幸福の科学学園（中学校・高等学校）の創立者、幸福実現党創立者兼総裁、HS政経塾創立者兼名誉塾長、幸福の科学出版（株）創立者、ニュースター・プロダクション（株）の会長でもある。

「百歳まで生きる会」

「百歳まで生きる会」は、生涯現役人生を掲げ、友達づくり、生きがいづくりをめざしている幸福の科学のシニア信者の集まりです。

「ネバーエンディング・セミナー」

日本全国で多くの参加者が涙した終活セミナーで、その輪はますます広がっています。最も大切な「死んでも困らない」ことを学ぶことができる、巷の「終活」とは一線を画するセミナーで、全国各地で開催中です。

セミナー参加者の感想

「家族への思いを馳せる時間にもなり、ありがたい時間でした」

「私は一人で住んでいますので、こうしたかたちで自分の思いを整理して残しておく大切さを切実に感じます」

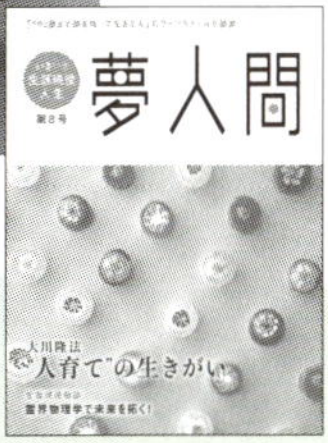

「百歳まで生きる会」編集協力の「夢人間」

「子孫繁栄《しそんはんえい》御百度参《おひゃくどまい》り祈願《きがん》」

全国の幸福の科学の精舎（宗教施設）へ巡礼を百度重ねる祈願行です。

「来世成仏《らいせじょうぶつ》御百度参《おひゃくどまい》り祈願《きがん》」

全国の幸福の科学の支部・拠点の巡礼を百度重ねる祈願行です。

●お問い合わせ
幸福の科学サービスセンター　TEL.03-5793-1727
火～金：10:00 ～ 20:00　土・日・祝：10:00 ～ 18:00

「シニア・プラン21」（ライフ・プラン21※）

SENIOR PLAN 21 シニア・プラン21
LIFE PLAN 21 ライフ・プラン21

※青年層参加の場合の名称です

生涯反省と、生涯現役に向けた未来設計研修が大好評！

「シニア・プラン21」では、あの世に旅立つために魂の再生をめざして生涯の反省を徹底的に行うとともに、生涯現役に向けてさまざまな研修を開講しています。

「基本コースの主なカリキュラム」

◎ **年代別反省**／幼少時、小学生、中学生と年代を区切って振り返ります。

◎ **対人関係の反省**／傷つけた・傷つけられた等、両親を含む人間関係を多角的に振り返ります。

◎ **生涯現役に向けた未来計画（反省から発展へ）**／自らの挫折や劣等感、嫉妬心等を見つめ、自分の傾向性を振り返り、新しい未来へと夢を描きます。

「キャリア・マネジメントコース」

現役経営コンサルタントを特別講師に迎え、マインド面での「人間学」と実務面での「採算学」の学びを深める。真理経営者としての信念を強め、瞑想や祈願を併せて、転職、起業にチャレンジするコースです。

全国89カ所、海外14カ所で開校中！

●お問い合わせ　**シニア・プラン21　東京校**

TEL.03-6384-7378（18:00迄）

E-mail：senior-plan@kofuku-no-kagaku.or.jp

本校一覧		
	大阪本校	TEL.06-6105-7378
	名古屋本校	TEL.052-730-6391
	福岡本校	TEL.092-292-8243

幸せになるほんとうの終活

THE PATH TO HAPPINESS IN THE AFTERLIFE

来世幸福への道

ここからは、天国への道しるべとして、心の諸相について学びながら、
幸福の科学の葬儀、幸福の科学の霊園・来世幸福園についてご紹介します。

幸福の科学の霊園

宗教法人 幸福の科学

聖地・四国正心館
来世幸福園

〒772-0051 徳島県鳴門市鳴門町高島字竹島 121
Tel 088-687-2507　Fax 088-687-2527

宗教法人 幸福の科学

総本山・那須精舎
来世幸福園

〒329-3434 栃木県那須郡那須町梁瀬493-1
Tel 0287-75-6102　Fax 0287-75-6103
http://raise-nasu.kofuku-no-kagaku.or.jp/

来世幸福園の法要について

◎「来世幸福法要会」

毎年、春と秋のお彼岸、お盆の時期に行われます。来世幸福園に眠れる諸霊の栄誉をたたえ、ご先祖への供養と来世の幸福を祈る、集合形式の法要行事です。

どなたでも参加できます

定例の来世幸福法要会

春のお彼岸（3月）
お盆（8月）
秋のお彼岸（9月）

◎「お墓参り読経供養」

来世幸福園へのお墓参りの際に、導師が、納骨壇の前で経文読誦し、参列者の供養の念いを故人にお届け致します。

◎「帰天家族永代《えいたい》供養」
◎「先祖永代供養」

納骨されている諸霊すべてに永代供養の御光を手向けることができます。

◎「帰天日《きてんび》法要」
◎「月命日《つきめいにち》法要」

※こちらの法要は全国の精舎、支部でも行うことができます。

一周忌、三回忌、七回忌や、毎月の命日など、故人の命日にちなんだ追善供養となります。地上の人たちの供養の念いは、あの世の霊人の幸福につながります。

大川隆法 法シリーズ・人生の目的と使命を知る《基本三法》

太陽の法

エル・カンターレへの道

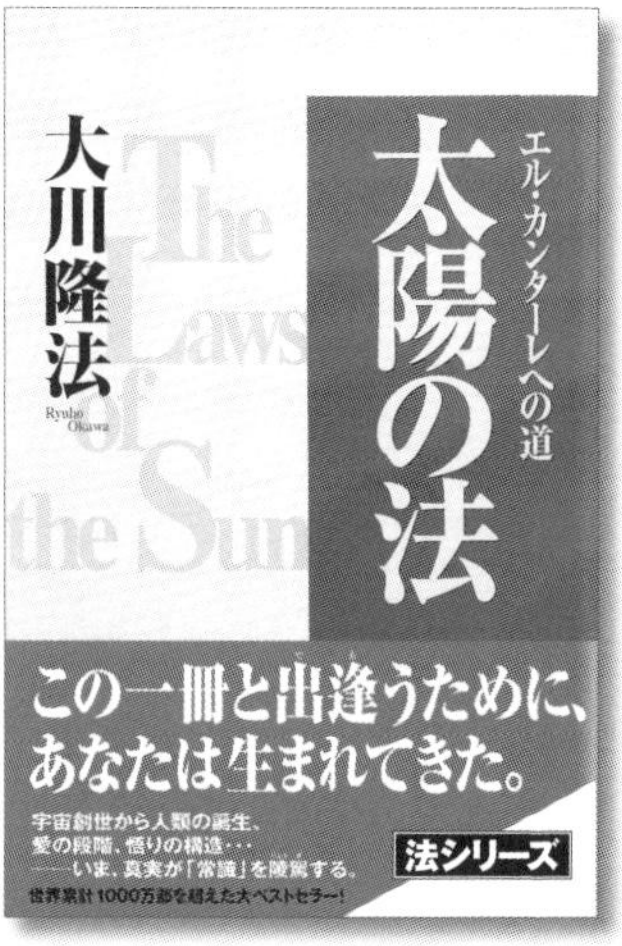

2,000円

創世記や愛の段階、悟りの構造、文明の流転を明快に説き、主エル・カンターレの真実の使命を示した、仏法真理の基本書。13言語に翻訳され、世界累計1000万部を超える大ベストセラー。

第1章　太陽の昇る時
第2章　仏法真理は語る
第3章　愛の大河
第4章　悟りの極致
第5章　黄金の時代
第6章　エル・カンターレへの道

永遠の法

エル・カンターレの世界観

『太陽の法』（法体系）、『黄金の法』（時間論）に続いて、本書は、空間論を開示し、次元構造など、霊界の真の姿を明確に解き明かす。

2,000円

黄金の法

エル・カンターレの歴史観

歴史上の偉人たちの活躍を鳥瞰しつつ、隠されていた人類の秘史を公開し、人類の未来をも予言した、空前絶後の人類史。

2,000円

※表示価格は本体価格（税別）です。

大川隆法シリーズ・この世とあの世を貫く幸福

正しい供養 まちがった供養

愛するひとを天国に導く方法

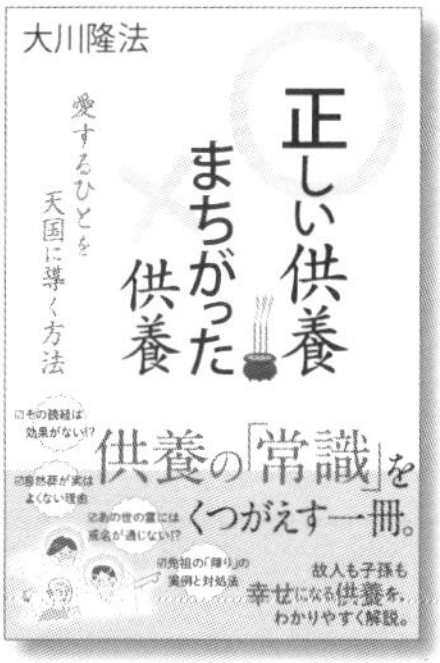

「戒名」「自然葬」など、間違いの多い現代の先祖供養には要注意！ 死後のさまざまな実例を紹介しつつ、故人も子孫も幸福になるための供養を解説。

1,500円

エイジレス成功法

生涯現役９つの秘訣

30歳年下の人とも親友になれる！「若々しいあの人」が大切にしている、「人生観」「働き方」「生活習慣」「人付き合いの仕方」。

1,500円

生涯現役人生

100歳まで幸福に生きる心得

「毎日楽しい」「死ぬまで元気」、そんな老後を送るには——。長寿を得て幸福に生きる心得を、仏陀がやさしい言葉で語られる。

1,500円

幸福の科学グループのご案内

宗教、教育、政治、出版などの活動を通じて、地球的ユートピアの実現を目指しています。

幸福の科学

一九八六年に立宗。信仰の対象は、地球系霊団の最高大霊、主エル・カンターレ。世界百カ国以上の国々に信者を持ち、全人類救済という尊い使命のもと、信者は、「愛」と「悟り」と「ユートピア建設」の教えの実践、伝道に励んでいます。

（二〇一七年三月現在）

愛

幸福の科学の「愛」とは、与える愛です。これは、仏教の慈悲《じひ》や布施《ふせ》の精神と同じことです。信者は、仏法真理をお伝えすることを通して、多くの方に幸福な人生を送っていただくための活動に励んでいます。

悟り

「悟り」とは、自らが仏の子であることを知るということです。教学《きょうがく》や精神統一によって心を磨き、智慧《ちえ》を得て悩みを解決すると共に、天使・菩薩《ぼさつ》の境地を目指し、より多くの人を救える力を身につけていきます。

ユートピア建設

私たち人間は、地上に理想世界を建設するという尊い使命を持って生まれてきています。社会の悪を押しとどめ、善を推し進めるために、信者はさまざまな活動に積極的に参加しています。

国内外の世界で貧困や災害、心の病で苦しんでいる人々に対しては、現地メンバーや支援団体と連携して、物心両面にわたり、あらゆる手段で手を差し伸べています。

年間約３万人の自殺者を減らすため、全国各地で街頭キャンペーンを展開しています。

公式サイト www.withyou-hs.net

ヘレン・ケラーを理想として活動する、ハンディキャップを持つ方とボランティアの会です。視聴覚障害者、肢体不自由な方々に仏法真理を学んでいただくための、さまざまなサポートをしています。

公式サイト www.helen-hs.net

INFORMATION

お近くの精舎・支部・拠点など、お問い合わせは、こちらまで！

幸福の科学サービスセンター

TEL. 03-5793-1727（受付時間 火〜金：10〜20時／土・日・祝日：10〜18時）

幸福の科学 公式サイト happy-science.jp

入 会 の ご 案 内

あなたも、幸福の科学に集い、
ほんとうの幸福を
見つけてみませんか？

幸福の科学では、大川隆法総裁が説く仏法真理をもとに、「どうすれば幸福になれるのか、また、他の人を幸福にできるのか」を学び、実践しています。

入会

大川隆法総裁の教えを信じ、学ぼうとする方なら、どなたでも入会できます。入会された方には、『入会版「正心法語」』が授与されます。（入会の奉納は1,000円目安です）

ネットでも**入会**できます。詳しくは、下記URLへ。
happy-science.jp/joinus

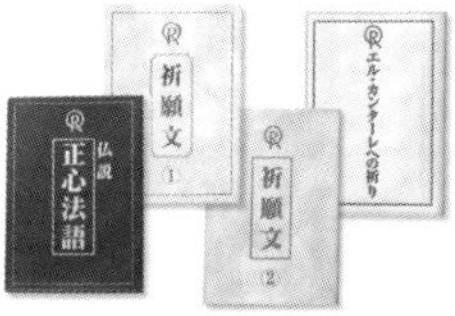

三帰《さんき》誓願《せいがん》

仏弟子としてさらに信仰を深めたい方は、仏・法・僧の三宝への帰依を誓う「三帰誓願式」を受けることができます。三帰誓願者には、『仏説・正心法語』『祈願文①』『祈願文②』『エル・カンターレへの祈り』が授与されます。

植福《しょくふく》の会

植福は、ユートピア建設のために、自分の富を差し出す尊い布施の行為です。布施の機会として、毎月1口1,000円からお申込みいただける、「植福の会」がございます。

ご希望の方には、幸福の科学の小冊子（毎月1回）をお送りいたします。詳しくは、下記の電話番号までお問い合わせください。

月刊「幸福の科学」　ザ・伝道　ヤング・ブッダ　ヘルメス・エンゼルズ　What's 幸福の科学

INFORMATION	**幸福の科学サービスセンター** **TEL. 03-5793-1727**（受付時間 火〜金：10〜20時／土・日・祝日：10〜18時） 幸福の科学 公式サイト **happy-science.jp**